BEI GRIN MACHT SICH IHR WISSEN BEZAHLT

- Wir veröffentlichen Ihre Hausarbeit, Bachelor- und Masterarbeit

- Ihr eigenes eBook und Buch - weltweit in allen wichtigen Shops

- Verdienen Sie an jedem Verkauf

Jetzt bei www.GRIN.com hochladen und kostenlos publizieren

Dennis Schmidt

Die EU, andere regionale Unionen und die Türkei

Welcher Art von Organisation tritt die Türkei bei?

GRIN Verlag

Bibliografische Information der Deutschen Nationalbibliothek:

Die Deutsche Bibliothek verzeichnet diese Publikation in der Deutschen National-
bibliografie; detaillierte bibliografische Daten sind im Internet über http://dnb.d-
nb.de/ abrufbar.

Impressum:

Copyright © 2003 GRIN Verlag GmbH
Druck und Bindung: Books on Demand GmbH, Norderstedt Germany
ISBN: 978-3-656-35861-9

Dieses Buch bei GRIN:

http://www.grin.com/de/e-book/208159/die-eu-andere-regionale-unionen-und-die-
tuerkei

Justus-Liebig-Universität Gießen

FB 03 Sozial- und Kulturwissenschaften

Proseminar „Türken in Europa. Beitritt der Türkei in die EU"

(Blockveranstaltung)

Sommersemester 2003

Die EU, andere regionale Unionen und die Türkei

Welcher Art von Organisation tritt die Türkei bei?

Dennis Schmidt

4. Fachsemester

Studiengang: Fachjournalismus Geschichte

Inhaltsverzeichnis

Einleitung

C lubs haben bekanntlich ihre eigenen Gesetze. Wer zum Beispiel in St. Peter Ording in den örtlichen Golfclub eintreten will, wird nicht darum herumkommen, über einen bestimmten Betrag auf dem Konto und ein bestimmtes Ansehen bei den Mitgliedern zu verfügen. Ansonsten heißt es: Zutritt verwehrt. Auch die berühmten Männerclubs in London lassen nicht jeden durch die schwere Eichentüre in ihre exklusive Gemeinschaft eintreten. Auch hier kann es für den, der die Richtlinien nicht erfüllt, heißen: Zutritt verwehrt.

Alle Clubs haben, entweder verschriftlicht oder als inoffizielle Übereinkunft, über die Jahre ihre ganz eigenen Voraussetzungen für den erfolgreichen Eintritt in den exklusiven Kreis der Auserwählten bestimmt. So auch die Europäische Wirtschaftsgemeinschaft/Europäische Gemeinschaft/Europäische Union (der Einfachheit halber verzichten wir im Folgenden auf die Bezeichnung EWG und EG).

Seit die EU im Jahre 1957 gegründet wurde, haben etliche Antragssteller, wie z. B. 1973 Dänemark, 1981 Griechenland oder 1985/86 Portugal und Spanien, um eine Aufnahme gebeten. Allen Anträgen, bis auf einen (namentlich den der Türkei), wurde bis jetzt der Eintritt in die begehrte Union gewährt. Wie bei den oben erwähnten Clubs mussten auch diese Kandidaten bestimmte Kriterien erfüllen und sich in die festgesetzte Ordnung einfügen. Diese Kriterien, in drei Unterpunkte einteilbar, hat die EU 1993 in Kopenhagen formuliert.

Um diese „Kopenhagener Kriterien" wird es sich im ersten Abschnitt der Hausarbeit drehen. Wir versuchen, nachdem wir kurz auf Entstehung und Absicht der Kopenhagener Kriterien eingegangen sind, eine Momentaufnahme der türkischen Bemühungen bei der Umsetzung ins nationale Recht darzustellen. Dabei gehen wir, weil die politische Umsetzung in diesem Zusammenhang besonders wichtig und interessant erscheint, mehr auf die politischen als auf die wirtschaftlichen und rechtlichen Belange ein.

Teil zwei stellt andere Regionalunionen, die neben der EU auf der ganzen Welt existieren, vor und erläutert Ziele und Mitglieder. Der letzte Teil vergleicht schließlich die regionalen Organisationen und versucht, verschiedene Typologien von Internationalen Organisationen aufzustellen.

Über allem steht die Frage, welcher Art von Organisation die Türkei beitreten will. Das „Warum?" wird diese Hausarbeit nicht klären können.

Die Türkei und die Kopenhagener Kriterien

D ie Kopenhagener Kriterien regeln die Umstände, unter denen ein neues Mitglied in die EU aufgenommen werden kann. Sie werden folgendermaßen unterteilt[1]:

1.) Das <u>politische</u> Kriterium

Insgesamt gesehen muss der Bewerber bestimmte politische Standards erfüllen Hierbei sind besonders der Minderheitenschutz im eigenen Land und somit außerdem die Anerkennung der Menschenrechte wichtig. Zudem muss eine demokratische und rechtsstaatliche Ordnung fest installiert sein.

2.) Das <u>wirtschaftliche</u> Kriterium

umfasst vor allem die Forderung, dass eine funktionierende Marktwirtschaft in dem beitrittswilligen Land existieren muss. Damit einer geht auch, dass es den enormen Wettbewerbsdruck innerhalb der EU aushalten können muss.

3.) Das <u>Aquis</u>-Kriterium

Dieser Punkt regelt die Übernahme des so genannten „Gemeinschaftlichen Besitzstandes" in das jeweilige nationale Recht. Insgesamt müssen über 80.000 Seiten Rechtstexte, in 31 Kapitel unterteilt, übernommen und auch umgesetzt werden. Sie beinhalten sowohl die bekannten Verträge von z. B. Nizza oder Maastricht als auch unbekanntere Konventionen aus Sicherheits-, Innen-, Außen- und auch Justizpolitik[2].

Die Bedingungen aus dem ersten Kriterium müssen bereits bei einer Aufnahme in die Union erfüllt sein, während die beiden anderen auch nach dem Beitritt umgesetzt werden können.

Zu 1

Vor allem die politischen Verhältnisse bereiten den europäischen Verantwortlichen Kopfschmerzen. Seit 1980, dem dritten Militärputsch in der Türkei, werden die Entwicklungen von den Kontrollinstanzen, v. a. der Europäischen Kommission, scharf gerügt. So ist es nicht verwunderlich, dass die Aufnahme eben gerade immer wieder an den politischen Umständen scheitert. Zwar hat die Türkei auf europäischen Druck hin seit 1995 wiederholt angekündigt, bestehende demokratische Defizite zu beseitigen, und hat auch damit begonnen, einzelne Punkte umzusetzen. Doch bis jetzt ist die Türkei noch nicht bereit, dem Anspruch der kurdischen Minderheit auf kulturelle Identität gerecht zu werden, ein schwerwiegender Missstand. Insgesamt unternimmt die Türkei seit

---

[1]   Nach: IzpB Türkei, aktuell (3).
[2]   IzpB Türkei, aktuell (7).

dem Gipfel von Helsinki im Jahre 1999 sichtbar größere Reformanstrengungen.[3] So hat die Türkei mit ihren Verfassungsänderungen vom Oktober 2001 und den Anpassungspaketen im Jahr 2002 versucht, den EU-Forderungen wieder ein wenig näher zu kommen. Zum Beispiel wurde im Zuge des Dritten Anpassungspaketes die Todesstrafe abgeschafft. Außerdem veränderte das Parlament die Artikel 312 und 159 des Strafgesetzbuches in der Weise, dass der Staat nicht mehr so leicht wie zuvor „Separatisten" verurteilen kann.[4] Dem staatlich verordneten Tod ist ein Riegel vorgeschoben und der Willkür sind enge(re) Schranken gesetzt. Dies bedeutet einen wichtigen Schritt auf dem Weg nach Westen.

Weitere politische Forderungen, die von der Türkei erfüllt wurden im Bereich …

➔ **… der kurdischen Minderheit:** der Gebrauch der (kurdischen) Muttersprache in Fernsehen und Radio wurde ermöglicht, der private Unterricht in der (kurdischen) Muttersprache zugelassen und der Ausnahmezustand im Südosten aufgehoben.

➔ **… der Menschenrechte:** weitere Maßnahmen zur Eindämmung der Folterpraktiken wurden ergriffen, die Ausbildung der Sicherheitskräfte auf dem Gebiet der Menschenrechte fortgesetzt und die Haftbedingungen in den Hochsicherheitsgefängnissen an die europäischen Standards angepasst.

➔ **… des Militärs:** die Zahl der zivilen Mitglieder des Nationalen Sicherheitsrates wurde erhöht, der beratende Charakter der Institution somit betont.

Es wird damit deutlich, dass die Türkei bereits wesentliche Anstrengungen unternommen hat, allerdings ist sie mit ihren Bemühungen noch längst nicht am Ziel angekommen.

Weiteren Handlungsbedarf sieht die Europäische Kommission bei …

➔ **… der kurdischen Minderheit:** die türkische Regierung müsse weitere kulturelle Rechte einräumen und die Meinungs- und Pressefreiheit durchsetzen.

➔ **… den Menschenrechten:** die Bekämpfung von Folter und Misshandlungen müsse fortgesetzt und ausgebaut werden. Des Weiteren fehle es noch an der tatsächlichen Durchsetzung der Menschenrechte bei der Behandlung von „politischen Straftätern", „Separatisten" oder Terroristen.

➔ **… dem Militär:** in Politik und Öffentlichkeit müsse ein Wandel in der Einstellung zur politischen Rolle des Militärs herbeigeführt werden, wichtig sei außerdem eine zivile Kontrolle des Militärs.

Vor allem aber müsse die Türkei es schaffen, ihre durchgesetzten Reformen auch

---

[3]　　Dembinski, Bedingt handlungsfähig? (19/20)

[4]

in die Tat umzusetzen.

Auch Heinz Kramer kommt trotz all der sichtlichen Bemühungen der Türkei zu dem Schluss, dass „der Zustand der türkischen Demokratie noch nicht als völlig befriedigend bezeichnet werden"[5] kann. Besonders im Bereich der Menschenrechte und der Einstellung zum Militär sieht er noch erheblichen Handlungsbedarf, fordert von der EU aber auch „umfangreiche Unterstützung"[6] bei der Angleichung an EU-Vorstellungen.

Zu 2

Auch die wirtschaftlichen Daten der Türkei sind nicht wirklich zufrieden stellend. Im wirtschaftlichen Kriterium wird gefordert, dass der Staat, welcher der EU beitreten möchte, konkurrenzfähig sein muss.

Ein erster Kritikpunkt der wirtschaftlichen Lage der Türkei ist die enorme Inflation. Diese konnte zwar in den vergangenen Jahren reduziert werden, lag aber im Jahre 1999 immer noch bei 65%[7], was für die Anforderungen der Union entscheidend zu hoch ist (zum Vergleich: im gleichen Jahr Deutschland 0.5%[8] und Griechenland 2.7%[9]).10

Als weiterer Punkt sei die Arbeitslosigkeit in der Türkei zu nennen. Zwar verzeichnet Harenberg im Jahre 1999 nur 6.6% Arbeitslosigkeit in der türkischen Bevölkerung (Deutschland 10.5% und Griechenland 11.3%), aber es scheint besonders auf dem Land viele nicht erfasste Arbeitslose zu geben, so dass die statistischen Zahlen diesbezüglich nach oben korrigiert werden müssen.

Positiv sei erwähnt, dass sich die türkische Industrie in der Zollunion besonders in der Textilbranche, aber auch im Bereich Dienstleistungen, dauerhafte Konsumgüter und Industriegüter, als konkurrenzfähig erwiesen hat.[11] Allerdings sind der staatliche Sektor und weite Teile der Landwirtschaft, welche viele Beschäftigte aufzuweisen hat, als insgesamt nicht konkurrenzfähig einzustufen.[12]

In diesem Zusammenhang muss aber auch darauf hingewiesen werden, dass die Europäische Union in diesem Punkt keine einheitliche Linie erkennen lässt. So nahm sie zum Beispiel 1985/86 Portugal und Spanien auf, die zweifelsohne wirtschaftlich schwache Länder waren. Man hoffte auf einen positiven Einfluss auf die örtliche Wirtschaft

---

[5]   Kramer, EU vor der Entscheidung (36).
[6]   Ebd.
[7]   .Harenberg, Aktuell 2001 (617)
[8]   Harenberg, Aktuell 2001 (478)
[9]   Harenberg, Aktuell 2001 (492)
[10]   Wir wählen den Vergleich mit Deutschland und Griechenland, weil Deutschland ein wirtschaftsstarkes Land ist und somit ein potentielles Vorbild für die Türkei darstellt. Griechenland deswegen, weil es als wirtschaftlich schwächeres Land zeigt, dass die EU verschiedene Wege bei der Aufnahme von Ländern beschreitet.
[11]   Dembinski, Bedingt handlungsfähig? (21)
[12]   Ebd.

durch eine EU-Mitgliedschaft. Dies wird umso erstaunlicher, weil die EU zu diesem Zeitpunkt noch Europäische *Wirtschafts*gemeinschaft hieß. Somit standen monetäre Interessen im Vordergrund. Die Türkei befindet sich momentan in einer vergleichbaren wirtschaftlichen Situation, deswegen könnte man meinen, die EU-Vertreter könnten sich von einer Aufnahme der Türkei in die EU einen ähnlich positiven Effekt, auch auf politischem Gebiet, erhoffen.

Diesen Umstand den türkischen Vertretern klar zu machen, dürfte die Europäer in Erklärungsnot bringen, warum damals einer Aufnahme zugestimmt und sie heute abgelehnt oder zumindest immer wieder aufgeschoben wird.

Zu 3

Trotz der Wichtigkeit der beiden erstgenannten Kriterien und der kräftezehrenden Umsetzung dürfen die Staatsmänner den letzten Punkt nicht aus den Augen verlieren: das Aquis- Kriterium. Auch diese Anforderung muss erfüllt werden. Die Türkei muss den Maastricht-Vertrag annehmen und in der Lage sein, die europäische Finanz- und Sozialpolitik mit zu tragen. Dies ist vor allem eine Aufgabe für die nationalen Juristen, denen die Aufgabe zukommt

Andere regionale Unionen

uch auf anderen Teilen der Erde haben sich viele Länder zu Unionen zusammengeschlossen. Nur findet diese Tatsache bei den meisten Menschen kaum Beachtung. Auf allen Kontinenten existieren solche Gemeinschaften, die allerdings meistens noch nicht den intensiven Kooperationsstand erreicht haben wie die EU.

Dieses Kapitel soll nun einige dieser Unionen / Gemeinschaften / Ligen / Kooperationen vorstellen. Doch egal welche Namen die Staatenbündnisse im Einzelnen tragen, das Ziel und der Sinn ihrer Entstehung ist in den meisten Fällen zumindest ähnlich (und passt auch zu den Anfängen der EU/EWG): Neben den politischen spielen vor allem die wirtschaftlichen Beweggründe eine entscheidende Rolle. Allerdings ist der Weg, den die Europäische Union bis jetzt eingeschlagen hat, kein zwingend notwendiger. Dass Staaten viele ihrer (in der Geschichte oftmals bitter erkämpften) Rechte wieder abgeben, ist nicht in allen Situationen eine verheißungsvolle Aussicht, um die eigene Situation zu verbessern. Zwischen der Alternative des souveränen Nationalstaates und einem Bundesstaat, zu dem sich die EU unter Umständen entwickeln könnte, haben sich viele Zwischenformen entwickelt, von denen wir verschiedene ausgesucht haben und sie nun nach dem Schema Entstehungsgeschichte, Mitgliedsländer, (Organe) und Ziele vorstellen werden. Im Anschluss versuchen wir, Unterschiede und Gemeinsamkeiten der Zusammenschlüsse zur EU aufzuzeigen.

Definitionen und Erläuterungen

Internationale Organisationen werden immer wichtiger und auch immer zahlreicher. Seit dem Ende des Zweiten Weltkrieges sind ungefähr 300 verschiedene staatliche Organisationen entstanden. Nimmt die nichtstaatlichen noch hinzu, die NGOs, so kommt die Zahl von nicht weniger als 4800 heraus.

Zwar hatte vor 1945 schon mal eine Gründungswelle von solcher Art von Organisationen eingesetzt, besonders nach Krisen und Kriegen, die schon damals internationalen Charakter hatten (man denke an den Völkerbund nach dem Ersten Weltkrieg oder das so genannte Konzert der Großmächte nach den Napoleonischen Kriegen[13]). Doch wirklichen Bestand und weiter reichende Konsequenzen hatten erst die Gründungen nach 1945.

Wenn Staaten eine „dauerhafte, normativ verankerte Verbindung"[14] eingehen und eigentlich spezifische Rechte abgeben, so spricht man im Allgemeinen von einer Internationalen Organisation (IO). Hierbei ist zu beachten, dass (1.) durchaus verschiedene Organisationsformen existieren, die unterschiedlich stark zusammenarbeiten und sich ganz unterschiedlichen Problemfeldern widmen und dass sie (2.) unterschiedlich stark im Bewusstsein der Bevölkerung verankert sind. (Fast) jeder europäische Bürger kennt die Bezeichnung Europäische Union oder die NATO, doch die EAC oder ASEAN ist nur wenigen ein Begriff.

Vom Staatenbund über eine Konföderation bis hin zu einem Bundesstaat sind vielfältige Zwischenschritte und –stufen möglich. Die EU hat ihren Weg von einem reinen wirtschaftlichen Bündnis auf eine politische Union ausgeweitet; ist aber zugleich immer noch weit entfernt den „Vereinigten Staaten von Europa", einem Bundesstaat also. Diesen Weg zu gehen ist aber keine Verpflichtung, viele momentan existierende IO haben nicht die Absicht, so eng zusammen zu wachsen. Auf der anderen Seite wird von

---

[13]　　Vgl.: Internationale Organisationen. Politik und Geschichte (42).

[14]　　Internationale Organisationen. Politik und Geschichte (11). Siehe auch: Internationale Organisationen „sind intern durch auf zwischenstaatlich vereinbarten Normen und Regeln basierende Verhaltensmuster charakterisiert, welche in wiederkehrenden Situationen für Staaten und ihre (Regierungs-)Vertreter Verhaltensrollen festlegen und zu einer Angleichung wechselseitiger Verhaltenserwartungen führen; extern sind sie durch ihre Fähigkeit gekennzeichnet, gegenüber ihrer Umwelt, insbesondere den Staaten und ihren (Regierungs-)Vertretern als Akteure auftreten zu können" (27).

einigen aber auch das „Vorbild EU" genannt.

Asien

Gemeinschaft Unabhängiger Staaten (GUS)

Dieses Bündnis besteht aus 12 Mitgliedern: Armenien, Aserbaidschan, Georgien, Kasachstan, Kirgisistan, Moldau, Russland, Tadschikistan, Turkmenistan, Ukraine, Usbekistan und Weißrussland. Sie gründete sich am 21.12. 1991 durch das Abkommen von Minsk vom 08.12.1991 als Staatengemeinschaft souveräner ehemaliger Sowjetrepubliken. Sie sieht sich als lockerer Staatenbund und versteht sich als Nachfolgeorganisation der UdSSR.[15]

Bei ihrer Gründung nahm sie sich vor, die Souveränität und Gleichberechtigung ihrer Mitgliedsstaaten zu wahren. Ihre Ziele bzw. Aufgaben liegen in der Bildung eines „gemeinsamen militärisch-strategischen Raums", der Zusammenarbeit bei der internationalen Friedenssicherung (hier vor allem bei Abrüstungsmaßnahmen), im Transport- und Zollwesen, im Umweltschutz, in der Migrationspolitik sowie der Bekämpfung des organisierten Verbrechens. Ihr Ziel ist außerdem die Schaffung eines gemeinsamen Wirtschaftsraumes, eines „gesamteuropäischen und eurasischen Marktes".[16]

Liga der Arabischen Staaten (Arabische Liga)

Der Arabischen Liga gehören insgesamt 22 Mitgliedsstaaten an, die sowohl vom asiatischen als auch dem afrikanischen Kontinent kommen. Gegründet wurde die Liga am 22. März 1945 allerdings bis auf eine Ausnahme von asiatischen Ländern (Ägypten bildet diese Ausnahme; in der Hauptstadt Kairo wurde auch die offizielle Gründungsurkunde von den sieben Staaten Irak, Jemen, Libanon, Saudi-Arabien, Syrien und Jordanien unterschrieben). In den Anfangsjahren stellte die Liga einen losen Zusammenschluss dar, der 1950 durch einen Verteidigungspakt ergänzt wurde.

Als oberstes Ziel hat sich diese Kooperation die Anerkennung Palästinas als unabhängigem Staat gesetzt. Daneben existieren weitere Aufgaben, wie die Sicherung der Existenz der einzelnen Mitgliedsstaaten und der bilaterale Austausch auf sowohl kulturellem, wirtschaftlichem, sozialem und politischem Gebiet.

---

[15]   Microsoft Encarta Enzyklopädie 2003
[16]   www.weltalmanach.de, Stand: 14.06.2003

Golf-Kooperationsrat (GCC)

Bahrain, Katar, Kuwait, Oman, Saudi-Arabien und die Vereinigten Arabischen Emirate schlossen sich am 25. Mai 1981 zum GCC zusammen. Die also noch recht junge Vereinigung hat seit 1984 eine eigene Verteidigungscharta verabschiedet, Resultat daraus ist der Aufbau einer gemeinsamen, 4000 Mann starken Armee. Bis zum Jahr 2005 soll eine Zollunion innerhalb der sechs Mitgliedsstaaten umgesetzt werden, bereits seit 1982 herrschte freier Handel zwischen den Golfstaaten. Neben der Schaffung eines gemeinsamen Marktes ist für die Länder auch ein mögliches Freihandelsabkommen mit der Europäischen Union ein weiteres Ziel.

Das höchste Organ des GCC ist der Oberste Rat, dessen Vorsitz turnusmäßig untereinander wechselt, ähnlich der EU-Kommission. Die Außenminister- und eine zusätzliche Beraterkonferenz haben unterstützenden Charakter.

Association of Southeast Asian nations (ASEAN)

Der Verband südostasiatischer Staaten wurde am 8. August 1967 in Bangkok (Thailand) gegründet. Die zehn Mitgliedsstaaten sind Brunei, Indonesien, Kambodscha, Laos, Malaysia, Birma, Philippinen, Singapur, Thailand und Vietnam. Seit 1984 ist Papua-Neuguinea Beobachter.

Alle drei Jahre tagt die Ordentliche Gipfelkonferenz der Staats- bzw. Regierungschefs, jährlich oder bei Bedarf auch öfters finden zudem informelle Gipfeltreffen statt. Ebenfalls jährlich treffen sich die Außenminister.

Ziel des Bündnisses ist eine wirtschaftliche, soziale und kulturelle Zusammenarbeit sowie die Festigung des Friedens in Südostasien. Das ferne Ziel der ASEAN-Staaten ist ein gemeinsamer Markt mit einer einheitlichen Währung nach dem Vorbild der EU. 1999 erklärten die zehn Mitglieder sowie China, Japan und Korea, in Zukunft auch politisch enger zusammenarbeiten zu wollen.

Afrika

Ostafrikanische Gemeinschaft (EAC)

Eine bewegte Geschichte hat die Ostafrikanische Gemeinschaft hinter sich. Bereits im Jahr 1977 wurde sie von den damaligen Präsidenten von Kenia, Tansania und Uganda geschaffen. Allerdings zerbrach die Gemeinschaft nach zehn Jahren wegen Streitigkeiten innerhalb der EAC. Am 30. November 1999 haben sich die drei Staatschefs zu einer Wiederauflage entschlossen. Die Streitpunkte, die vorher zu der Auflösung geführt hatten, wurden aus den Verträgen über die EAC ausgegliedert und sollen innerhalb von vier Jahren bearbeitet werden.

Auch bei dieser Union steht die Einrichtung eines gemeinsamen Binnenmarktes als Fernziel an. Schon jetzt wurde die Schaffung eines gemeinsamen Parlaments, eines Gerichtshofs und einer Regionalbörse festgesetzt. Weitere Abstimmungen zwischen den Staaten sollen folgen. Auch eine Währungsunion, die nach dem Vorbild der EU vollzogen wird, soll entstehen.

Organisation der Afrikanischen Einheit (OAU)

Gegründet wurde die Organisation der Afrikanischen Einheit am 25.05.1963 in Äthiopien. Hier unterschrieben die Staatschefs von damals 30 unabhängigen afrikanischen Staaten die Charta. Der Einheit gehören derzeit 53 Staaten an, darunter alle unabhängigen afrikanischen Staaten und die Demokratische Arabische Republik Sahara (DARS). Marokko ttrat 1984 aus Protest gegen die Aufnahe der DARS aus.

Die Ziele dieses Zusammenschlusses sind die Koordinierung sowohl der innerafrikanischen als auch der weltweiten Zusammenarbeit, die Förderung Solidarität und die Verteidigung der Souveränität der Mitgliedsstaaten. Dennoch ist die Afrikanische Einheit kein Verteidigungsbündnis.

Nordamerika

Nordamerikanische Freihandelszone (North American Free Trade Agreement, NAFTA)

Der Gründungsvertrag dieses regionalen Bündnisses wurde von Kanada, Mexiko und den USA am 17. Dezember 1992 unterzeichnet und trat am 1. Januar 1994 in Kraft. Die NAFTA entstand aus dem 1989 abgeschlossenen Freihandelsabkommen zwischen den USA und Kanada, die Zölle zwischen den beiden reduzierten oder ganz abschafften.

Erst nach langen Verhandlungen wurde im Jahr 1993 die NAFTA von den Parlamenten der drei Mitgliedsstaaten ratifiziert. Ziel des Bündnisses ist die sofortige Abschaffung der Zölle für die Hälfte aller nach Mexiko verschifften US-Güter. Weitere Zolltarife sollen innerhalb von 14 Jahren allmählich abgebaut werden. Durch den Zusammenschluss der Staaten zu einem gemeinsamen Wirtschaftsraum wurde die NAFTA mit 365 Millionen Verbrauchern zur weltweit drittgrößten Freihandelszone nach der ASEAN und dem Europäischen Wirtschaftsraum. Ende 1994 wurden Verhandlungen über die Aufnahme aller lateinamerikanischen Staaten – mit Ausnahme Kubas – in die

NAFTA begonnen. Allerdings wird bei den Verhandlungen mit Problemen zu rechnen sein, da einige der lateinamerikanischen Staaten nicht in der Lage sind, den strengen Aufnahmebedingungen – z. B. die Festsetzung von Mindestlöhnen, Arbeitsrechts- und Umweltschutzbestimmungen – gerecht zu werden.

Südamerika

Gemeinsamer Südamerikanischer Markt (Mercosur)

Mitglieder dieser Gemeinschaft sind Argentinien, Brasilien, Paraguay und Uruguay. Des Weiteren sind Chile und Bolivien assoziierte Mitglieder. Das Bündnis wurde am 26.03.1991 durch einen Vertrag zwischen den Gründerstaaten ins Leben gerufen und am 16.12.1994 durch das Protokoll von Ouro Preto in Brasilien zum 01.01.1995 in Kraft gesetzt. Die Ziele sind ein freier Waren- und Dienstleistungsverkehr durch die Beseitigung von Zöllen und anderen Handelshemmnissen, gemeinsame Außenzollsysteme und eine Handelsliberalisierung mit Drittstaaten und Staatengruppen wie z.B. der EU der der NAFTA.

Türkische Beziehungen mit internationalen Organisationen

Die Türkei unterhält neben den Beziehungen zur EU auch Beziehungen mit anderen internationalen Organisationen, in denen sie Mitglied ist. Zu nennen wären die Vereinten Nationen und die NATO. Des Weiteren ist sie Mitglied in der KSZE (Konferenz für Sicherheit und Zusammenarbeit in Europa).

Weitere regionale Bündnisse im asiatischen Raum, in denen die Türkei Mitglied ist, sind die OIC (Organisation of the Islamic Conference), die BSEC (Black Sea Economic Cooperation) und die ECO (Economic Cooperation Organisation).

Ziele der OIC sind die Stärkung der Solidarität und der Zusammenarbeit zwischen den islamischen Mitgliedsstaaten im politischen, wirtschaftlichen, kulturellen, wissenschaftlichen und sozialen Bereich.

Eine besondere Aufgabe kommt der Türkei innerhalb der BSEC zu. Diese Organisation hat ihr „Permanent International Secretariat" in Istanbul. Wie auch viele andere internationale Organisationen hat auch sie es sich zur Aufgabe gemacht, zwischen den Mitgliedsstaaten engere wirtschaftliche Beziehungen zu etablieren.

Das regionale Bündnis „ECO" besteht aus nur drei Mitgliedsstaaten: dem Iran, Pakistan und der Türkei. Ihr Ziel ist eine Zusammenarbeit auf wirtschaftlichem und technischem Gebiet.

Die Türkei fixiert sich demnach nicht nur auf Europa, sondern unterhält auch weiterhin enge Kontakte zu asiatischen Ländern. Allerdings wäre eine Mitgliedschaft in der EU, auf die die Türkei seit langem hinarbeitet, umfassender und weit reichender. Man sieht also, dass die Türkei mehrere Optionen hat, die unterschiedliche Anforderungen und „Schwierigkeitsgrade" stellen, wie wir im nächsten Abschnitt beschreiben werden.

Verschiedene Organisationstypen

ie bereits erwähnt: Verschiedene regionale Bündnisse haben verschiedene Aufgabenbereiche, verschiedene Strukturen und ihre Mitgliedsstaaten sind verschieden eng aneinander gebunden. Die meisten der Unionen arbeiten nur auf kulturellem oder wirtschaftlichem Gebiet zusammen, die wenigsten auch auf der politischen Ebene.

Zur Zusammenarbeit auf allen drei Ebenen gleichzeitig hat sich bis jetzt nur die EU entschlossen. Somit könnte die EU als die umfassendste Organisationsform bezeichnet werden. Die folgende Übersicht soll dies erläutern:

Übersicht über regionale Unionen und die Art ihres Zusammenschlusses

Name	Wirtschaftlich	Politisch	Kulturell	Bezeichnung
Arabische Liga			✓	Interessengemeinschaft
ASEAN	✓		✓	Wirtschaftsgemeinschaft mit kultureller Zusammenarbeit
EAC	✓			Wirtschaftsgemeinschaft, auf dem Weg zu einer politischen Gemeinschaft („Vorbild EU")
EU	✓	✓	✓	Politischer Staatenbund, hervorgegangen aus einer Wirtschaftsgemeinschaft

GCC	✓	✓		Wirtschaftsgemeinschaft mit militärischen Elementen
GUS		✓		lockerer Staatenbund
Mercosur	✓			Wirtschaftsgemeinschaft
NAFTA	✓			Wirtschaftsgemeinschaft
OAU	✓		✓	Interessengemeinschaft

Fazit

ie Türkei könnte es wesentlich einfacher haben. Statt den steinigen Weg über Kopenhagen in die EU zu gehen, könnte sie auch darauf verzichten, und leichter Mitglied in einer nicht so restriktiv aufgebauten Regional-Union werden.

Die EU übt auf ihre Mitgliedsstaaten einen starken Druck aus, der sich in Form der Kopenhagener Kriterien am ehesten bemerkbar macht. Dieser Druck geht auf Kosten der nationalen Souveränität. Die Türkei sollte sich diese Tatsache vor Augen führen und überlegen, ob die Übernahme von zum Beispiel 80.000 Seiten Rechtstext eine hoffnungsvolle Alternative ist. Die offiziellen Vertreter haben diese Frage längst beantwortet. Die Türkei erhofft sich offensichtlich einen derart großen Gewinn von einer EU-Mitgliedschaft, dass er für sie den Verlust an Souveränität aufwiegt.

Des Weiteren ist zu beachten, dass die Emtwicklung der EU noch längst nicht abgeschlossen ist. D. h., dass weitere Einschränkungen und Forderungen (für alle Mitgliedsstatten) folgen werden, falls sich die EU zu einem Bundesstaat hin entwickelt.

Rittberger weist darauf hin, dass sich „der Grad der durch IO hergestellten Politikverflechtung, das durch Kriterien wie Mitgliedschaft, Zuständigkeit, Politikprozeßfunktion und Entscheidungsmacht"[17]ausgemessen wird, als wertvolles Prinzip der Klassifikation von Internationalen Organisationen erwiesen hat. Dies verdeutlicht das untere Schaubild.

		Typologisierung von IO[18]
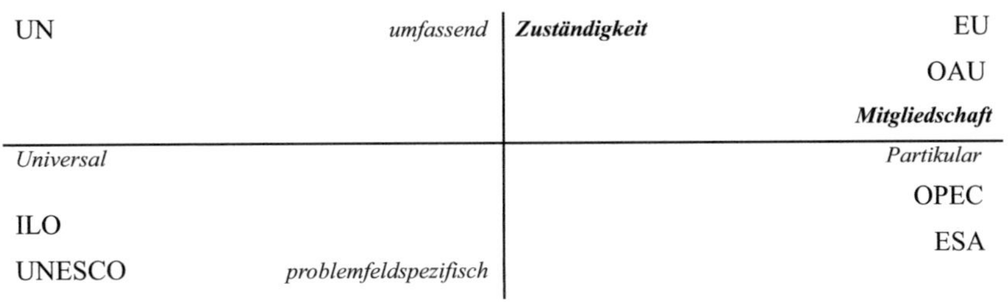 UN	*umfassend* | *Zuständigkeit*	EU
		OAU
		Mitgliedschaft
Universal		*Partikular*
		OPEC
ILO		ESA
UNESCO	*problemfeldspezifisch* |	

Die Türkei muss selber wissen, in welche Koordinate sie sich selbst einordnen will.

---

[17]   Internationale Organisationen. Politik und Geschichte (31).
[18]   Nach: Internationale Organisationen. Politik und Geschichte (31).

Literaturverzeichnis

- Andersen, Uwe, Woyke, Wichard (Hrsg.), <u>Handwörterbuch Internationaler Organisationen</u>, Opladen 1985.

- Von Baratta, Mario, Clauss, Jan Ulrich, <u>Fischer Almanach der Internationalen Organisationen</u>, 1995.

- Bundeszentrale für politische Bildung (Hrsg.), <u>Informationen zur politischen Bildung: Türkei</u>, Berlin 2002.

- Dembinski, Matthias, <u>Bedingt handlungsfähig? Eine Studie zur Türkeipolitik der Europäischen Union</u>, HSFK-Report 5/2001.

- Kramer, Heinz, <u>Die Türkei und die Kopenhagener Kriterien. Die Europäische Union vor der Entscheidung</u>, Berlin 2002.

- Rittberger, Volker, <u>Internationale Organisationen. Politik und Geschichte</u>, Opladen 1994.

- www.weltalmanach.de, Stand: 14.06.2003

- www.mfa.gov.tr, Stand 22. 07.2003

- Microsoft Encarta Enzyklopädie 2003